IL PIANTO.

POEME.

IMPRIMÉ CHEZ PAUL RENOUARD,

RUE GARENCIÈRE, N° 5.

IL PIANTO,

POEME

PAR AUGUSTE BARBIER.

Seconde édition.

PARIS.

URBAIN CANEL, ADOLPHE GUYOT,
RUE DU BAC, 104. PLACE DU LOUVRE, 18.

1833.

Il est triste partout de ne voir que le mal,

D'entonner ses chansons sur un rythme infernal,

Au ciel le plus vermeil de trouver un nuage,

Et la ride chagrine au plus riant visage.

Heureux à qui le ciel a fait la bonne part!

Bien heureux qui n'a vu qu'un beau côté de l'art!

Hélas! mon cœur le sent, si j'avais eu pour Muse

Une enfant de seize ans, et qu'une fleur amuse,

Une fille de mai, blonde comme un épi,

J'aurais, d'un souffle pur, sur mon front assoupi,

Vu flotter doucement les belles rêveries;

J'aurais souvent foulé des pelouses fleuries;

Et le divin caprice, en de folles chansons,

Aurait du moins charmé le cours de mes saisons. —

Mais j'entends de mon cœur la voix mâle et profonde,

Qui me dit que tout homme est apôtre en ce monde,

Tout mortel porte au front, comme un bélier mutin,

Un signe blanc ou noir frappé par le Destin;

Il faut, bon gré mal gré, suivre l'ardente nue

Qui marche devant soi sur la voie inconnue;

Il faut courber la tête, et le long du chemin,

Sans regarder à qui l'on peut tendre la main,

Suivre sa mission dans le jour ou dans l'ombre.

Or, la mienne aujourd'hui, comme le ciel, est sombre;

Pour moi, cet univers est comme un hôpital,

Où, livide infirmier levant le drap fatal,

Pour nettoyer les corps infectés de souillures,

Je vais mettre mon doigt sur toutes les blessures.

LE CAMPO SANTO.

A l'Auteur de Marie.

LE

CAMPO SANTO.

O désolation, ô misère profonde !

Désespoir éternel pour les âmes du monde !

Sol de Jérusalem, que tant d'hommes pieux

Ont baigné de sueur et des pleurs de leurs yeux ;

Sainte terre enlevée aux monts de la Judée,

Et du sang des martyrs encor toute inondée;

Sainte terre des morts qui portas le Sauveur,

Toi, que tout front chrétien baisait avec ferveur,

Tu n'es plus maintenant qu'une terre profane,

Un sol où toute fleur dépérit et se fane,

Un terrein sans verdure et délaissé des cieux,

Un cimetière aride, un cloître curieux,

Qu'un voyageur parfois dans sa course rapide

Heurte d'un pied léger et d'un regard stupide.

— Mais n'importe! je t'aime, ô vieux Campo Santo,

Je t'aime de l'amour qu'avait pour toi Giotto.

Tout désolé qu'il est, ton cloître solitaire

Est encore à mes yeux le plus saint de la terre :

Aussi quand l'œil du jour, de ses regards cuisans,

Brûle le front doré des superbes Pisans,

J'aime à sentir le froid de tes voûtes flétries,

J'aime à voir s'allonger tes longues galeries,

Et là, silencieux, le front bas, le pied lent,

Comme un moine qui passe et qui prie en allant,

J'aime à faire sonner le cuir de mes sandales

Sur la tête des morts qui dorment sous tes dalles,

J'aime à lire les mots de leurs grands écussons,

A réveiller des bruits et de lugubres sons,

Et les yeux enivrés de tes peintures sombres,

A voir autour de moi mouvoir toutes tes ombres.

✳

Salut! noble Orcagna! que viens-tu m'étaler?

— « Artiste, une peinture à faire reculer;

Regarde, enfant, regarde!... — Il est de par le monde

Des êtres inondés de volupté profonde,

Il est de beaux jardins plantés de lauriers verts,

Des grands murs d'orangers où mille oiseaux divers,

Des rossignols bruyans, des geais aux ailes bleues,

Des paons sur les gazons traînant leurs belles queues;

Des merles, des serins jaunes comme de l'or,

Chantent l'amour, et l'air plus enivrant encor.

Il est, sous les bosquets et les treilles poudreuses,

Des splendides festins et des noces heureuses;

Il est des instrumens aux concerts sans pareils,

Et bien des cœurs contens et bien des yeux vermeils.

A l'*Ave Maria*, sous les portes latines,

On entend bien des luths et des voix argentines;

On voit sur les balcons, derrière les cyprès,

Bien de beaux jeunes gens qui se parlent de près,

Bien des couples rêveurs, qui, le soir à la brune,

Se baisent sur la bouche en regardant la lune.

Hélas! un monstre ailé qui plane dans les airs,

Et dont la lourde faux va sarclant l'univers,

La Mort, incessamment coupe toutes ces choses;

Et femmes et bosquets, oiseaux, touffes de roses,

Belles dames, seigneurs, princes, ducs et marquis,

Elle met tout à bas, même des Médicis,

Elle met tout à bas avant le jour et l'heure;

Et la stupide oublie, au fond de leur demeure,

Tous les gens de béquille et qui n'en peuvent plus :

Les porteurs de besace et les tristes perclus,

Les catharrheux branlant comme vieille muraille,

Les fiévreux au teint mat qui tremblent sur la paille,

Et les frêles vieillards qui n'ont plus qu'un seul pas

Pour atteindre la tombe et reposer leurs bras.

Tous ont beau l'implorer, elle n'en a point cure,

La Mort vole aux palais sans toucher la mâsure;

Elle jette à tous vents les plaintes et les voix

De ces corps vermoulus comme d'antiques bois :

La vieille aime à lutter; c'est un joueur en veine

Qui néglige les coups dont la chance est certaine.

❋

Enfant, ce n'est point tout; enfant, regarde encor!

La montagne s'ébranle aux fanfares du cor,

Sous le galop des chiens entends sonner la pierre,

En épais tourbillons vois rouler la poussière,

Et du fond sinueux de ces sombres halliers

Bondir à flots pressés de nombreux cavaliers.

Ce sont de francs chasseurs qui courent la campagne,

De grands seigneurs toscans, des princes d'Allemagne,

Avec de beaux habits chamarrés d'écussons,

Des housses de velours, de lourds caparaçons,

Des couronnes de ducs à l'entour des casquettes,

Des faucons sur les poings, des plumes sur les têtes,

Et des hommes nerveux, retenant à pas lens,

Des lévriers lancés sur leurs quatre pieds blancs. —

Holà! puissans du jour, chasseurs vêtus de soie,

Qui forcez par les monts une timide proie;

Vous, femmes, que l'ennui mène à la cruauté;

Hommes, dont le palais plein de stupidité

A soif, après le vin, du sang de quelque bête,

Vous qui cherchez la mort comme on cherche une fête,

Oh! n'allez pas si loin, arrêtez vos coursiers,

La mort est près de vous, la mort est sous vos pieds,

La mort vous garde ici les plus rares merveilles;

Croyez-en vos chevaux qui dressent leurs oreilles,

Voyez leur cou fumant dont la veine se tord,

Leur frayeur vous dira qu'ils ont senti la mort,

Et que ce noir terrein a reçu de nature

Le don de convertir les corps en pourriture.

Or, en ces trois tombeaux ouverts sur le chemin,

Voyez ce qu'en un jour elle fait d'un humain :

Le premier, que son dard tout nouvellement pique,

A le ventre gonflé comme un homme hydropique;

Le second est déjà dévoré par les vers,

Et le dernier n'est plus qu'un squelette aux os verts,

Où le vent empesté, le vent passe et soupire,

Comme à travers les flancs décharnés d'un navire.

Certes c'est chose horrible, et ces morts engourdis

Figeraient la sueur au front des plus hardis.

Mais, chasseurs, regardez ces trous pleins de vermine

Sans boucher votre nez et sans changer de mine,

Regardez bien à fond ces trois larges tombeaux ;

Puis, quand vous aurez vu, retournez vos chevaux :

Aux fanfares du cor regagnez la montagne,

Et puis comme devant, à travers la campagne,

Courez et galoppez, car de jour et de nuit

Vous savez maintenant où le temps vous conduit.

❋

Mais tandis que la fièvre et la crainte féconde

Assiègent les côtés des puissans de ce monde,

Que l'éternel regret des douceurs d'ici-bas

Leur tire des soupirs à chacun de leurs pas,

Que l'horreur de vieillir et de voir les années

Pendre comme une barbe à leurs têtes veinées,

Arrose incessamment d'amertume et de fiel

Le peu de jours encor que leur garde le ciel ;

Tandis que sur leurs fronts comme sur leurs rivages,

Habitent les brouillards et de sombres nuages,

Le ciel, au-dessus d'eux éblouissant d'azur,

Épand sur la montagne un rayon toujours pur.

Là, dans les genêts verts et sur l'aride pierre,

Les hommes du Seigneur vivent de la prière;

Là, toujours prosternés, dans leurs élans pieux,

Ils ne voient point blanchir le poil de leurs cheveux.

Leur vie est innocente et sans inquiétude,

L'inaltérable paix dort en leur solitude,

Et sans peur pour leurs jours, en tous lieux menacés,

Les pauvres animaux par les hommes chassés,

Mettant le nez dehors et quittant leurs retraites,

Viennent manger aux mains des blancs anachorètes :

La biche à leur côté saute et se fait du lait ,

Et le lapin joyeux broute son serpolet.

*

Heureux , oh ! bienheureux qui , dans un jour d'ivresse,

A pu faire au Seigneur le don de sa jeunesse;

Et qui , prenant la foi comme un bâton noueux,

A gravi loin du monde un sentier montueux.

Heureux l'homme isolé qui met toute sa gloire

Au bonheur ineffable, au seul bonheur de croire,

Et qui, tout jeune encor, s'est crevé les deux yeux ,

Afin d'avoir toujours à desirer les cieux.

Heureux le seul croyant, car il a l'âme pure,

Il comprend sans effort la mystique nature,

Il a, sans la chercher, la parfaite beauté,

Et les trésors divins de la sérénité.

Puis il voit devant lui sa vie immense et pleine,

Comme un pieux soupir, s'écouler d'une haleine;

Et, lorsque sur son front la Mort pose ses doigts,

Les anges près de lui descendent à la fois,

Au sortir de sa bouche ils recueillent son âme;

Et, croisant par-dessus les deux ailes de flamme,

L'emportent toute blanche au céleste séjour,

Comme un petit enfant qui meurt sitôt le jour.

✳

Heureux l'homme qui vit et qui meurt solitaire!

Enfant, tel est mon œuvre, et l'immense mystère

Que mon doigt monacal a tracé sur ce mur.

La forme en est sévère et le contour est dur;

Mais j'ai fait de mon mieux, j'ai peint de cœur et d'âme

La grande vérité dont je sentais la flamme;

Et, comme un jardinier qui bêche avec amour,

Sur mon pinceau courbé, j'ai sué plus d'un jour :

Puis, quand j'ai vu tomber la nuit sur ma palette,

J'ai croisé les deux bras, et reposant la tête

Sur le coussin sculpté de mon sacré tombeau,

Comme mes grands amis, Dante et le Giotto,

J'ai fermé gravement mon œil mélancolique

Et me suis endormi, vieux peintre catholique,

En pensant à ma ville, et croyant fermement

Voir mon œuvre et ma foi vivre éternellement. »

❋

Dors, oh! dors, Orcagna, dans ta couche de pierre,

Et ne r'ouvre jamais ta pesante paupière,

Reste les bras croisés dans ton linceul étroit;

Car si des flancs obscurs de ton sépulcre froid,

Comme un vieux prisonnier, il te prenait envie

De contempler encor ce qu'on fait dans la vie,

Si tu levais ton marbre et regardais de près,

Ta douleur serait grande, et les sombres regrets

Reviendraient habiter sur ta face amaigrie :

Tu verrais, Orcagna, ta Pise tant chérie,

Comme une veuve, assise aux rives de l'Arno,

Écouter solitaire à ses pieds couler l'eau;

Tu verrais le saint dôme avec de grandes herbes,

Et le long de ses murs les cavales superbes

Monter, et se jouant à chaque mouvement

Emplir tout le lieu saint de leur hennissement;

Tu verrais que la Mort dans les lieux où nous sommes,

N'a pas plus respecté les choses que les hommes;

Et reposant tes bras sous ton cintre étouffé,

Tu dirais, plein d'horreur : La Mort a triomphé.

❋

La mort! la mort! elle est sur l'Italie entière,

L'Italie est toujours à son heure dernière;

Déjà sa tête antique a perdu la beauté,

Et son cœur de chrétienne est froid à son côté.

Rien de saint ne vit plus sous sa forte nature,

Et comme un corps usé qui tombe en pourriture,

Ses larges flancs lavés par la vague des mers

Ne se raniment plus aux célestes concerts.

Oh! c'est en vain qu'aux pieds de l'immobile archange

Le canon tonne encor des créneaux de Saint-Ange,

Que saint Pierre au soleil, sur ses degrés luisans,

Voit remonter encor la pompe des vieux ans.

A quoi bon tant de voix, de cris et de cantiques,

Les milliers d'encensoirs fumant sous les portiques,

Le chœur des prêtres saints déroulant ses anneaux,

Et la pourpre brûlante aux flancs des cardinaux?

Pourquoi le dais splendide avec son front qui penche,

Et le grand roi vieillard, dans sa tunique blanche,

Superbe et les deux pieds sur le dos des Romains,

De son trône flottant bénissant les humains?

Morts, morts, sont tous ces bruits et cette pompe sainte,

Car ils ne passent plus le Tibre et son enceinte;

Mort est ce vain éclat, car il ne courbe plus

Que des fronts de vieillards ou de pâtres velus.

Tous ces chants n'ont plus rien de la force divine,

C'est le son mat et creux d'une vieille ruine,

C'est le cri d'un cadavre encor droit et debout

Au milieu des corps morts qui l'entourent partout.

❋

Hélas! hélas! la foi de ce sol est bannie,

La foi n'a plus d'accent pour parler au génie,

Plus de voix pour lui dire, en lui prenant la main :

Bâtis-nous vers le ciel un immortel chemin.

La foi, source féconde en sublime rosée,

Ne peut plus retomber sur cette terre usée,

Et remuant la pierre au fond de ses caveaux,

Faire jaillir le marbre en milliers de faisceaux;

La foi ne pousse plus de sublimes colonnes,

Plus de dômes d'airain, plus de triples couronnes,

Plus de parvis immense, à faire mille pas,

Plus de large croix grecque étalant ses longs bras,

Plus de ces grands christs d'or au fond des basiliques

Penchant sur les mortels leurs regards angéliques,

Plus d'artistes brûlans, plus d'hommes primitifs

Ébauchant leur croyance en traits secs et naïfs,

De pieux ouvriers s'en allant par les villes

Travailler sur les murs comme des mains serviles,

Plus de parfums dans l'air, de nuages d'encens,

De chants simples et forts, et de maîtres puissans

Versant, dans les grands jours, de leur harpe bénie

Sur les fronts inclinés des torrens d'harmonie.

Rien, absolument rien, et cependant la Mort

Ebranle sous ses pas ce qui semblait si fort;

Elle est toujours robuste, et toujours, chose affreuse!

Elle poursuit partout sa marche désastreuse;

Chaque jour elle voit sur quelque mont lointain,

Comme un feu de berger, le culte qui s'éteint;

Chaque jour elle entend un autel qui s'écroule,

Et sans le relever passer auprès la foule;

Et l'image de Dieu dans ces débris impurs

Semble tomber des cœurs avec les pans des murs.

Le vieux catholicisme est morne et solitaire,

Sa splendeur à présent n'est qu'une ombre sur terre,

La mort l'a déchiré comme un vêtement vieux;

Pour long-temps, bien long-temps, la Mort est dans ces lieux.

MAZACCIO.

MAZACCIO.

Ah! s'il est ici-bas un aspect douloureux,

Un tableau déchirant pour un cœur magnanime,

C'est ce peuple divin que le chagrin décime,

C'est le pâle troupeau des talens malheureux.

C'est toi, Mazaccio, jeune homme aux longs cheveux,

De la bonne Florence enfant cher et sublime;

Peintre des premiers temps, c'est ton air de victime

Et ta bouche entr'ouverte et tes sombres yeux bleus....

Hélas! la mort te prit les deux mains sur la toile;

Et du beau ciel de l'art, jeune et brillante étoile,

Astre si haut monté, mais si vite abattu,

Le souffle du poison ternit ta belle flamme,

Comme si tôt ou tard, pour dévorer ton âme,

Le venin du génie eût été sans vertu.

MICHEL ANGE.

MICHEL ANGE.

Que ton visage est triste et ton front amaigri!

Sublime Michel-Ange, ô vieux tailleur de pierre,

Nulle larme jamais n'a baigné ta paupière,

Comme Dante, on dirait que tu n'as jamais ri.

Hélas! d'un lait trop fort la Muse t'a nourri,

L'art fut ton seul amour et prit ta vie entière;

Soixante ans tu courus une triple carrière

Sans reposer ton cœur sur un cœur attendri.

3.

Pauvre Buonarroti! ton seul bonheur au monde

Fut d'imprimer au marbre une grandeur profonde,

Et puissant comme Dieu, d'effrayer comme lui :

Aussi, quand tu parvins à la saison dernière,

Vieux lion fatigué, sous ta blanche crinière

Tu mourus longuement plein de gloire et d'ennui.

ALLEGRI.

ALLEGRI.

Si dans mon cœur chrétien l'antique foi s'altère,

L'art reste encor debout, comme un marbre pieux

Que le soleil, tombé de la voûte des cieux,

Colore dans la nuit d'un reflet solitaire.

Ainsi, vieil Allegri, musicien austère,

Compositeur sacré des temps religieux,

Ton archet bien souvent me ramène aux saints lieux,

Adorer les pieds morts du Sauveur de la terre.

Alors mon âme vaine et sans dévotion

Mon âme par degrés prend de l'émotion,

Et monte avec tes chants au séjour des archanges;

Et comme Pérugin, au fond des cieux brûlans,

Je vois les bienheureux dans leurs vêtemens blancs,

Chanter sur des luths d'or les divines louanges.

LE CAMPO VACCINO.

LE

CAMPO VACCINO.

C'était l'heure où la terre appartient au soleil,

Où les chemins poudreux luisent d'un ton vermeil,

Où rien n'est confondu dans l'aride campagne,

Où l'on voit les troupeaux couchés sur la montagne,

Et le pâtre bruni, dans les plis d'un manteau,

Dormir nonchalamment près d'un rouge tombeau;

L'heure aux grands horizons, l'heure où l'ombre est mortelle

Au voyageur suant qui s'arrête sous elle :

L'heure où le chêne est vert, où le cyprès est noir,

Et Rome en son désert encor superbe à voir...

A cette heure, j'étais sur un monceau de briques,

Et le dos appuyé contre des murs antiques,

Je regardais de là s'étendre devant moi

La vieille majesté des champs du peuple-roi ;

Et rien ne parlait haut comme le grand silence

Qui dominait alors cette ruine immense!

Rien ne m'allait au cœur comme ces murs pendans,

Ces terreins sillonnés de mâles accidens,

Et la mélancolie empreinte en cette terre

Qui ne saurait trouver son égale en misère.

✽

Sublime paysage à ravir le pinceau!

Le Colysée avait tout le fond du tableau!

Le monstre, de son orbe envahissant l'espace,

Foulait de tout son poids la terre jaune et grasse;

Là, ce grand corps sevré de sang pur et de chair,

Etalait tristement ses vieux membres à l'air,

Et le ciel bleu luisant à travers ses arcades,

Ses pans de murs croulés, ses vastes colonnades,

Semait ses larges reins de feux d'azur et d'or,

Comme au soleil d'Afrique un reptile qui dort.

A droite, en long cordon, au-dessus de ma tête,

Du haut d'une terrasse à crouler toute prête,

Tombaient de larges flots de feuillages confus,

Des pins au vert chapeau, des platanes touffus,

Et des chênes voûtés, dont la racine entière

Jaillissait comme l'onde à travers chaque pierre!...

L'ombre flottante enfin des jardins de Néron,

Le seul dont le bas peuple ait conservé le nom!

A gauche, encor des murs, mais pleins d'herbes nouvelles;

Le temple de la Paix aux trois voûtes jumelles,

Immense, et laissant voir par un trou dans le fond

Le cloaque de Rome et son gouffre profond :

Puis Castor et Pollux dépouillés de leurs marbres,

Puis l'antique pavé se perdant sous les arbres,

Et les arbres voilant de leurs feuillage roux

Le grand arc de Sévère enfoui jusqu'aux genoux.

Enfin devant un mur à la taille débile,

L'éternel Capitole et sa pierre immobile,

La terre de Rémus, l'ancien forum romain;

Hélas! dans quel état! tout meurtri par la main

Des fouilleurs inclinés sur le fer des pioches;

Un terrein sillonné de débris et de roches,

Où depuis neuf cents ans la désolation,

Devant le pied vainqueur de toute nation,

Promène insolemment sa lugubre charrue.

De grands monceaux de terre où l'enfance se rue,

Et des trous si profonds et si larges, que l'eau

Fait partout une mare en cherchant son niveau.

Comme des souvenirs, quelques frêles colonnes

Dressent de loin en loin leurs jaunâtres couronnes,

Et leurs fûts cannelés, leurs beaux fronts corinthiens,

Planent sur un amas de monumens chrétiens.

Huit d'entr'elles dans l'air, ainsi que des Charites,

Légères, et semblant sur leurs bases détruites

Mener un chœur de danse et se donner la main,

Sont les restes flétris d'un beau temple romain,

La divine Concorde, et puis une lointaine

Qui lève dans les cieux sa taille souveraine,

C'est l'empereur Phocas luisant de pourpre et d'or;

Puis trois autres plus près, c'est Jupiter Stator.

Mais toutes, les fronts nus et les pieds dans les terres,

Pauvres enfans perdus, romaines solitaires,

Elles sont toutes là, dans ces champs désolés,

Comme après le carnage et sur des murs croulés

Des filles de vaincus qui pleurent sur leurs pères,

Toutes, dans le silence et sans larmes amères,

Elles vont protestant de leurs fragmens pieux

Contre la barbarie et tous les nouveaux dieux.

Pleure, pleure et gémis, beau temple de Faustine!

Tes colonnes de marbre et ta frise latine,

Et ton fronton meurtri, fléchissent sous le poids

Du plus lourd des enfans qu'ait engendrés la croix :

Pleure, pleure et gémis, car l'indigne coupole

Toujours blesse tes flancs et ta divine épaule;

Sur toi pèse toujours le dôme monacal,

Comme un barbare assis sur un noble cheval.

Et toi, divin Titus, roi des belles journées,

Qu'a-t-on fait de ton arc aux pierres inclinées?

De cette large voûte, où de nobles tableaux

Montraient l'arche captive avec les saints flambeaux,

Et le peuple des Juifs, vaincu, les deux mains jointes,

Pleurant devant ton char ses murailles éteintes?

Où sont tes écussons par la foudre sculptés?

Tes cavaliers romains par le temps démontés?

Grand Titus, tu n'as plus que la rouille sublime

Dont les siècles toujours décorent leur victime,

Des membres demi-nus, penchés de toutes parts,

Et les flancs tout ridés comme ceux des vieillards.

※

O superbes fiévreux, gras habitans du Tibre,

Enfans dégénérés d'un peuple qui fut libre,

Je ne viens pas chercher à vos tristes foyers

De mâles sénateurs et d'antiques guerriers,

Le dévoûment sans borne à la mère chérie

Que vous nommiez jadis du beau nom de patrie,

La croyance éternelle aux murs de Romulus,

L'auguste pauvreté, les rustiques vertus,

Et la robuste foi qui, sur un crâne immonde,

A bâti huit cents ans la conquête du monde;

Tous ces fiers élémens et du grand et du beau

Ne peuvent plus entrer dans votre étroit cerveau.

Ce que je veux de vous, ce sont de saints exemples.

C'est le respect aux morts, c'est la paix aux vieux temples.

Or donc, assez long-temps, sur ce terrein hâlé,

Vieille louve au flanc maigre, Avarice a hurlé;

Assez, assez long-temps, sans pudeur et sans honte,

Vos pères ont sucé ses mamelles de fonte;

Dans Rome, assez long-temps, prélats et citoyens,

Se ruant par milliers sur les temples païens,

Ont violé le seuil des royales enceintes,

Volé les dieux d'airain, fondu les portes saintes,

Et comme des goujats avides de trésors,

Jusqu'au dernier lambeau déshabillé les morts.

Maintenant tout est fait : ruines séculaires,

Leurs murs ne peuvent plus tenter les mains vulgaires,

Pas une lame d'or à leurs flancs vermoulus;

De toute leur splendeur il ne leur reste plus

Que la forme première, et la belle harmonie,

Dont les a, tout enfant, revêtu le génie;

La forme et des contours, voilà tous leurs appas.

O Romains d'aujourd'hui ! si l'art ne vous prend pas,

Du moins par piété respectez des victimes,

Souvenez-vous toujours des paroles sublimes

Que la lyre divine, en des temps de malheurs,

Envoyait courageuse aux saints dévastateurs.

Les temples, quels qu'ils soient, sont les âmes des villes;

Sans eux, toute cité n'a que des pierres viles;

Du foyer domestique et du corps des vieillards

Les monumens sacrés sont les derniers remparts;

Puis, lorsque sur la terre ils penchent en ruines,

Leurs ruines encor sont des choses divines,

Ce sont des prêtres saints que l'âge use toujours,

Mais qu'il faut honorer jusqu'à leurs derniers jours.

Hélas! tel est le train de ce monde où nous sommes,

Et l'art entre si peu dans la tête des hommes,

Que mes cris dans ces lieux vainement écoutés

S'en iront sans échos par les vents emportés.

L'homme ici ne croit plus qu'aux choses que l'on touche,

Au pain qu'on mange, au vin qui réjouit la bouche,

A la gorge en fureur qui bondit sous la main,

Et puis au coutelas qui vous perce le sein.

Pour le reste, néant; sous ces paupières brunes

Peuvent s'amonceler des torrens de fortunes,

La terre peut trembler sous les plus hauts destins,

Des fronts peuvent jaillir les chants les plus divins,

Aux cieux peuvent briller les plus illustres gloires;

Tout ici, jusqu'au nom, s'efface des mémoires,

Et quand vous demandez : Qui jadis là vivait?

Le peuple indifférent vous répond : Qui le sait!

*

Ainsi, gloire au serpent, gloire à l'esprit du doute,

Comme au premier printemps, le monde encor l'écoute,

Et la femme n'a pas de son faible talon

Écrasé comme un ver la tête de Pithon.

Le serpent règne encor, et la Rome papale

N'est pas la seule ville où sa langue fatale

Courbe le front de l'homme et lui tourne les yeux

Loin des champs paternels, le vaste azur des cieux.

Nous sommes tous, hélas! sous ce souffle de glace,

Et partout où ce vent nous arrive à la face,

Nous perdons la vigueur, nous n'avons plus de poulx,

Sous nos corps fatigués fléchissent nos genoux,

Nous prenons le dégoût de toute gloire humaine,

Et vivant pour nous seuls, sans amour et sans haine,

Nous n'aspirons qu'au jour où le froid du tombeau,

Comme un vieux parchemin, nous jaunira la peau;

Alors nous nous disons sous le mal qui nous ronge,

L'art n'est plus qu'un vain mot, un stérile mensonge;

Le temps a tout usé ce tissu précieux,

Ce riche vêtement, cet habit gracieux,

Que Dieu fila lui-même, et que sa main féconde

Déploya pour couvrir la nudité du monde,

La forme. —Elle était pure et belle au premier jour,

Si pure que le maître avec un œil d'amour

Contemplant de son haut l'univers plein de grâce,

Et comme en un miroir y reflétant sa face,

Pensa quelques instans que le monde était bien,

Et qu'en ses élémens le mal n'entrait pour rien.

Mais la forme a perdu sa pureté première,

Du jour où l'homme a mis la main sur la matière,

Son haleine a terni la native fraîcheur

Qu'elle avait, comme un fruit que l'on cueille en sa fleur :

Depuis ce jour fatal, plus a marché la terre,

Plus la forme a pâli sous la main adultère,

Plus cette belle trame et ce réseau divin

Ont changé leurs fils d'or en lourds chaînons d'airain,

Plus cette eau sans limon a roulé de la fange,

Plus ce beau ciel limpide et ce bleu sans mélange

Ont vu monter sur eux de nuages épais,

Et la foudre en éclats leur enlever la paix,

Si bien qu'un jour, ridé comme un homme en vieillesse,

L'univers dépouillé de grâce et de jeunesse,

Faute de forme, ira, sans secousse et sans maux,

Replonger de lui-même au ventre du chaos....

❋

Oh! pardonne, mon Dieu, ces cris illégitimes!

C'est que le désespoir va bien aux cœurs sublimes,

C'est que la forme morte et sans recouvrement

Est une chose amère à qui sent fortement.

Aussi, chœurs des souffrans, ô troupes lamentables,

Amans, tristes époux, mères inconsolables,

Vous qu'une forme absente accable de douleurs

Et le jour et la nuit fait sécher dans les pleurs,

Vous, poëtes surtout, chanteurs au front austère,

O pontifes de l'art, ô peintres qui, sur terre,

Pliant les deux genoux comme l'antiquité,

Vous faites de la forme une divinité;

Vous tous, êtres nerveux, qui ne vivez au monde

Que dans le sentiment de sa beauté profonde,

Oh! comme je vous plains, oh! comme je conçois

Votre douleur sans borne et vos lèvres sans voix,

Lorsque de vos amours les lignes périssables

S'effacent devant vous comme un pied dans les sables,

Lorsqu'un beau front se fane au toucher de la mort,

Lorsqu'une voix éclate en un dernier effort,

Ou bien lorsqu'à vos yeux une blanche statue,

Sous le marteau brutal qui la frappe et la tue,

Se brise, et que la forme impossible à saisir

Comme une âme s'en va pour ne plus revenir!

*

Et toi, divin amant de cette chaste Hélène,

Sculpteur au bras immense, à la puissante haleine;

Artiste au front paisible avec les mains en feu,

Rayon tombé du ciel et remonté vers Dieu;

O Gœthe, ô grand vieillard! prince de Germanie!

Penché sur Rome antique et son mâle génie,

Je ne puis m'empêcher, dans mon chant éploré,

A ce grand nom croulé d'unir ton nom sacré,

Tant ils ont tous les deux haut sonné dans l'espace,

Tant ils ont au soleil tous deux tenu de place,

Et dans les cœurs amis de la forme et des dieux,

Imprimé pour toujours un sillon glorieux.

Hélas! long-temps du fond de ton sol froid et sombre,

Sur l'univers entier se pencha ta grande ombre.

Long-temps, sublime temple à tous les dieux ouvert,

On entendit tes murs chanter plus d'un concert,

Et l'on vit promener sur tes superbes dalles

Mille jeunes beautés aux formes idéales.

Long-temps tu fus le roi d'une noble cité

Que l'harmonie un jour bâtit à ton côté,

Et long-temps, quand le sort eut brisé ces portiques,

Qui rappelaient Athène et les grâces antiques,

Toi seul restant debout, ô splendide vieillard !

Comme Atlas, tu portas le vaste ciel de l'art.

Enfin toujours brillant, toujours jonché d'hommage,

Il semblait ici-bas que tu n'avais pas d'âge,

Jusqu'au jour où la mort, te frappant à son tour,

Fit crouler ton grand front comme une simple tour.

O mère de douleur! ô mort pleine d'audace!

A maudire tes coups toute langue se lasse,

Mais la mienne jamais ne se fatiguera

A dire tout le mal que ton bras a fait là.

Depuis·qu'elle est à bas, cette haute colonne,

L'art a penché la tête et rompu sa couronne;

Le champ de poésie est un morne désert,

Pas un oiseau divin, pas un noble concert,

Les plus lourds animaux y cherchent leur pâture,

On y voit les serpens traîner leur pourriture,

Et leur gueule noircir de poison et de fiel

Le pied des monumens qui regardent le ciel :

C'est un champ plein de deuil, où la froide débauche

Vient parmi les roseaux que jamais l'on ne fauche

.Hurler des chants hideux et cacher ses ébats :

C'est un sol sans chemin, où l'on tombe à tout pas,

Où, parmi les grands trous, et sur les ronces vives,

Autour des monumens quelques âmes plaintives

Descendent par hasard; et là, dans les débris,

Versent des pleurs amers et poussent de longs cris.

✼

O vieille Rome, ô Gœthe, ô puissances du monde!

Ainsi donc votre empire a passé comme l'onde,

Comme un sable léger qui coule dans les doigts,

Comme un souffle dans l'air, comme un écho des bois.

Adieu, vastes débris, dans votre belle tombe,

Dormez, dormez en paix, voici le jour qui tombe.

Au faîte des toits plats, au front des chapiteaux,

L'ombre pend à grands plis, comme de noirs manteaux;

Le sol devient plus rouge et les arbres plus sombres;

Derrière les grands arcs, à travers les décombres,

Le long des chemins creux, mes regards entraînés

Suivent des buffles noirs attachés par le nez;

Les superbes troupeaux, à la gorge pendante,

Reviennent à pas lens de la campagne ardente,

Et les pâtres velus, bruns et la lance au poing,

Ramènent à cheval des chariots de foin;

Puis, passe un vieux prélat, ou quelque moine sale,

Qui va battant le sol de sa triste sandale;

Des frères en chantant portent un blanc linceul,

Un enfant demi-nu les suit et marche seul ;

Puis des femmes en rouge et de brune figure

Descendent en filant les degrés de verdure;

Les gueux déguenillés qui dormaient tous en tas,

Se lèvent lentement pour prendre leur repas;

L'ouvrier qui bêchait et roulait sa brouette,

La quitte : le travail, les pelles, tout s'arrête;

On n'entend plus au loin qu'un murmure léger,

Que le cri d'un ânon, le sifflet d'un berger,

Ou, derrière un fronton renversé sur la terre,

Quatre forts mendians couchés avec mystère,

Qui, les cinq doigts tendus et le feu dans les yeux,

Disputent sourdement des baioques entre eux.

RAPHAEL.

RAPHAEL.

Salut, ô Raphaël! salut, ô frais génie!

Jeune homme plein de grâce et de sérénité,

En tous lieux où l'on aime et l'on sent la beauté

Que ton nom soit loué, que ta main soit bénie!

Salut, douce candeur à la pâleur unie,

Ovale aux cheveux bruns sur un beau col monté,

Cygne mélancolique, enfant de volupté,

Toujours prêt à chanter l'amour ou l'harmonie;

5

Salut! Ah! Raphaël, on a beau fuir tes yeux
Et les doux airs penchés de ton front gracieux,
On ne peut oublier ton image chérie :

Toujours on te revoit, lys aux chastes couleurs,
Comme un ange accoudé sur des touffes de fleurs,
Ou comme un autre enfant de la vierge Marie.

CORREGIO.

CORREGIO.

———◆———

O mère d'Allegri ! Parme, cité chrétienne,

Sois fière du héros que tes flancs ont porté;

J'ai vu d'un œil d'amour la belle antiquité,

Rome en toute sa pompe et sa grandeur païenne;

J'ai vu Pompéi morte, et comme une Athénienne,

La pourpre encor flottant sur son lit déserté;

J'ai vu le dieu du jour rayonnant de beauté

Et tout humide encor de la vague ionienne;

J'ai vu les plus beaux corps que l'art ait revêtus;

Mais rien n'est comparable aux timides vertus,

A la pudeur marchant sous sa robe de neige;

Rien ne vaut cette rose, et cette belle fleur

Qui secoua sa tige et sa divine odeur

Sur ton front délicat, ô suave Corrège.

CIMAROSA.

CIMAROSA.

Chantre mélodieux né sous le plus beau ciel,

Au nom doux et fleuri comme une lyre antique,

Léger Napolitain, dont la folle Musique

A frotté, tout enfant, les deux lèvres de miel.

D'un souffle plus ardent, nul poète immortel

N'a célébré l'amour frais et mélancolique,

Et les chants écoulés de ton âme angélique

Ont parfumé ton nom comme un divin autel.

Oh! tu vivras toujours au fond des nobles âmes !

Tout ce qui sent en soi brûler de pures flammes,

Vers toi d'un doux élan sera toujours porté,

Car ton âme fut belle, ainsi que ton génie,

Elle ne faillit point devant la tyrannie,

Et chanta dans les fers l'hymne de liberté.

CHIAIA.

CHIAIA.

SALVATOR.

Je t'envie, ô pêcheur! Sur la grève et le sable
Je voudrais, comme toi, savoir tirer un câble,
Mettre une barque à sec, et le long de ses flancs
Sécher au plein soleil mes filets ruisselans.

Je t'envie, ô pêcheur! Quand derrière Caprée

Le soleil a quitté sa tunique dorée,

Comme toi, dans ma barque étendu gravement,

Je voudrais voir la nuit tomber du firmament.

O fratello! plains-moi, ma douleur est mortelle,

Car, pour moi, la patrie a cessé d'être belle;

Naples,.la ville d'or, à mes regards maudits

A fermé le jardin de son blanc paradis,

Tous les enchantemens de la riche nature,

L'air qui plante la joie en toute créature,

Ce beau ciel pur et chaud qu'on aime tant à voir,

Les pâleurs du matin et les rougeurs du soir,

Les coteaux bleus du golfe, et sur ses belles lignes,

Les barques au col blanc, nageant comme des cignes;

Et Pausilippe en fleurs, et Vulcain tout en feux,

Et tous mes souvenirs, mon enfance et mes jeux,

Rien ne peut animer le sombre de ma vie :

La riante couleur à mes doigts est ravie,

Le ton noir et brumeux domine en mes tableaux,

J'ai brisé ma palette, et, jetant mes pinceaux,

Par la campagne ardente et nos pavés de lave,

Au soleil de midi, j'erre comme un esclave.

LE PÊCHEUR.

O frère! je comprends et tes soupirs profonds,

Et pourquoi comme un fou tu frappes des talons;

Pourquoi tes cheveux noirs, hérissant ton visage,

Sur ton manteau troué répandent leur ombrage;

Pourquoi la pâleur siége à ton front soucieux,

Et fait, comme un voleur, que tu tournes les yeux.

Va, tu n'es pas le seul à baisser la paupière,

Mon corps, tout brun qu'il est, n'est pas non plus de pierre,

Et je sens comme toi, sous sa rude épaisseur,

Que notre ciel n'a pas de miroir en mon cœur.

Eh ! qui peut aujourd'hui prendre un habit de fête,

De pampre et de raisin se couronner la tête,

Et, levant par le coin un rouge tablier,

Danser la tarentelle à l'ombre du hallier?

Qui peut, ami, qui peut s'enivrer de musique,

Et des beaux jeux fleuris de notre terre antique,

Quand la douleur partout nous ronge comme un ver?

Notre vie ici-bas est un citron amer

Que ne peut adoucir nulle saveur au monde.

Nous sommes, beaux enfans d'une mère féconde,

Sous le joug attelés comme nos taureaux blancs :

Il faut tirer du front, et haleter des flancs,

Marcher pleins de sueur, et, pour plus de misère,

Avoir le dos battu par la verge étrangère.

❋

Heureux, heureux pêcheur, il te reste la mer,

Une plaine aussi bleue, aussi large que l'air.

Comme un aigle lassé de son aire sauvage,

Quand le souffle de l'homme a terni ton visage,

Lorsque la terre infecte a soulevé tes sens,

Tu montes sur ta barque, et de tes bras puissans,

Tu cours au sein des flots laver ta plaie immonde;

La rame en quatre coups te fait le roi du monde.

Là tu lèves le front, là, d'un regard vermeil,

En homme, saluant la face du soleil,

Tu jettes tes chansons, et si la mer écume,

Si le bruit de la terre avec son amertume

Te revient sur la lèvre, au murmure des flots

Tu peux sans crainte encor murmurer tes sanglots.

Mais nous, mais nous, hélas! habitans de la terre,

Il faut savoir souffrir, mendier et nous taire;

Il faut de notre sang engraisser les abus,

Des fripons et des sots supporter les rebuts;

Il faut voir aux clartés de la pure lumière

Des choses qui feraient fendre et crier la pierre;

Puis, dans le creux des doigts enfermer avec soin

Son âme, et s'en aller gémir en quelque coin;

Car la plainte aujourd'hui vous mène au précipice,

Aux doux épanchemens le sol n'est point propice,

Notre terre est infâme et son air corrupteur,

Sur deux hommes causans, enfante un délateur.

LE PÉCHEUR.

Toujours, ô mon Rosa! toujours les vents contraires

Ne déchireront pas la voile de nos frères,

Des célestes balcons, les dieux penchés sur nous

Souffleront moins de bise et des zéphyrs plus doux.

S'ils sont justes là-haut, s'ils régissent la terre,

Ils prendront en pitié notre longue misère;

Ils ne laisseront pas les bras tendus en vain,

Toujours les braves gens en guerre avec le pain;

Ils ne laisseront pas du haut de sa mantille

L'avarice espagnole insulter la guenille;

Nous n'irons pas toujours, comme des chiens honteux,

Le long du Mercato, sous ses antres bourbeux,

Chercher à nos petits un peu de nourriture:

Nous qui suons le jour et couchons sur la dure,

Qui n'avons ici-bas que la peine et le mal,

Nous n'irons pas toujours mourir à l'hôpital;

Nos crocs ne seront plus chargés d'étoupes molles,

Viendront les pensers forts et les mâles paroles.

Après avoir eu l'os, nous aurons bien la chair,

Les douceurs du printemps après le vent d'hiver.

Aussi je prends courage, au branle de la rame

Je poursuis plus gaîment le poisson sous la lame,

D'un bras ferme et hardi je lance mes harpons,

Je nage à tous les bords, je plonge à tous les fonds,

Car je sais un beau jour, et sans que rien l'empêche,

Qu'en mon golfe divin je ferai bonne pêche :

Aux bords de Chiaia, sur ce sable argenté,

Dans mes larges filets viendra la Liberté.

SALVATOR.

La Liberté, pêcheur ! la Liberté divine

Poserait ses pieds blancs sur ta poupe marine !

Cette sœur de Vénus, cette fille des flots,

Dans Naples descendrait des bras des matelots !

Oh! j'ai bien peur, ami, que ta voix taciturne

Ne chante faussement comme l'oiseau nocturne.

La Liberté céleste aime les beaux rameurs;

Mais elle goûte peu nos oisives humeurs,

Sa robe est relevée, et belle voyageuse,

Pour notre peuple elle est trop rude et trop marcheuse.

Sybarite au poil noir et gras voluptueux,

Adorateur sacré du parmesan glueux,

Il a le cœur au ventre, et le ventre à la tête.

Manger, boire, dormir, voilà toute sa fête,

Et le dos prosterné sur ses larges pavés,

Il n'a les bras tendus et les regards levés

Que vers le ciel lardé de ses pâtisseries;

Il n'adore qu'un dieu, le dieu des porcheries,

Il admire son corps, il le trouve très beau,

Et craint le mal que fait un glaive dans la peau.

*

LE PÉCHEUR.

O frère! il a raison. Mais la mélancolie

A versé dans ta veine une bourbeuse lie,

Le génie a toujours monté l'homme à l'orgueil :

Aussi tu vois la chose avec un mauvais œil.

Du peuple il faut toujours, poëte, qu'on espère,

Car le peuple, après tout, c'est de la bonne terre,

La terre de haut prix, la terre de labour,

C'est ce sillon doré qui fume au point du jour,

Et qui, rempli de sève et fort de toute chose,

Enfante incessamment et jamais ne repose:

C'est lui qui pousse aux cieux les chênes les plus hauts;

C'est lui qui fait toujours les hommes les plus beaux;

Sous le fer et le soc, il rend outre mesure

Des moissons de bienfaits, pour le mal qu'il endure :

On a beau le couvrir de fange et de fumier,

Il change en épis d'or tout élément grossier :

Il prête à qui l'embrasse une force immortelle,

De tout haut monument c'est la base éternelle,

C'est le genou de Dieu, c'est le divin appui,

Aussi, malheur, malheur à qui pèse sur lui!

SALVATOR.

Hélas! tu ne sais pas le mal que la pensée

Fait au cœur, quand dehors elle n'est point poussée;

Homme sensible et pur, mais homme d'action,

Tu ne peux concevoir toute ma passion,

La mortelle souffrance et le désespoir sombre

D'être enfant du soleil et de vivre dans l'ombre.

Oh! non, tu ne sais pas ce qu'il y a d'amer

A tenir l'aile ouverte et n'avoir jamais d'air :

Et cependant, la mort vient à grandes journées,

Sur nos fronts d'un vol lourd s'abattent les années,

Et le glaive que Dieu nous remit dans la main,

Se rouille en attendant toujours au lendemain;

Faute de nourriture, on voit mourir sa flamme,

Chaque jour on s'en va, le corps mangé par l'âme,

Et le mâle talent, solitaire et perdu,

Moisit comme un habit dans le coffre étendu;

Le génie a besoin de liberté pour vivre,

Il faut un large verre à l'homme qui s'enivre.

Quant à moi, je suis las d'attendre l'ouragan,

Chaque jour de compter sur un bond du volcan,

Le visage couvert de la pâleur du cierge,

De gémir comme eunuque embrassant une vierge,

Puisque le peuple ici dort la foudre à la main,

J'irai chercher ailleurs quelque chose d'humain.

LE PÊCHEUR.

O vrai cœur de poète, âme pleine d'envie,

Nature dévorante et jamais assouvie,

Ventre toujours repu, mais qui hurle toujours,

Ne peux-tu pas encor attendre quelques jours?

Si le don d'un cœur noble et d'un visage austère

Te retire du monde et te fait solitaire,

Si tu fuis loin de nous, ô mon bon frère! ô toi!

Prends garde de tomber au vil amour de soi,

Dans le sentier commun où marchent tous les hommes;

Fuis la perdition de tous tant que nous sommes,

L'écueil le plus fatal sous la voûte des cieux;

Songe que de là-haut nous regardent les dieux,

Et que s'ils ont doué quelque âme d'énergie,

C'est pour le bien commun, mais qu'au bout de la vie

Ils demanderont compte à tous de leurs travaux,

A moi de ma parole, à toi de tes pinceaux.

Faisons chœur, Salvator, et prenons patience;

La patience rend légère la souffrance,

Et toujours un grand cœur, par le sort combattu,

S'enferme en cette cape et la prend pour vertu.

SALVATOR.

Frère, tu parles bien, mais notre sol superbe

Corrompt le pur froment et ne fait que de l'herbe;

Ce qu'on sème dessus perd bientôt sa valeur :

Aussi je n'y crois pas, et je m'en vais, pêcheur !

Adieu, Naples; salut! terre de la Calabre,

Écueils toujours fumans où la vague se câbre!

O monte Gargano, sommet échevelé,

Rocs cambrés et noircis, au poil long et mêlé,

Nature vaste et chaude, et féconde en ravages;

O terre, ô bois, ô monts, ô désolés rivages !

Recevez-moi parmi vos sombres habitans,

Car je veux me mêler à leurs troupeaux errans;

Je veux manger le pain de tout être qui pense,

Goûter la liberté sur la montagne immense.

Là, seulement encor l'homme est plein de beauté,

Car le sol qui le porte a sa virginité;

Là, je pourrai de Pan faire ma grande idole,

Et je vivrai long-temps comme l'aigle qui vole.

Enfin là, quand la mort viendra glacer mes flancs,

Je n'aurai pas le corps cerclé de linges blancs,

Je rendrai librement ma dépouille à la terre;

Et l'antique Cybèle, alors ma noble mère,

Dans son ventre divin m'absorbant tout entier,

Je disparaîtrai là comme un peu de fumier,

Comme un souffle perdu sous la voûte sublime,

Comme la goutte d'eau qui rentre dans l'abîme,

Sans laisser après moi, ce qui toujours vous suit,

La laideur d'un squelette et l'écho d'un vain bruit.

DOMINIQUIN.

DOMINIQUIN.

Noble fille des cieux, divine solitude!

Bel ange inspirateur de tout génie humain,

Toi, qui vis saintement, et le front dans la main,

Loin des pas du vulgaire et de la multitude!

O nourrice de l'art! ô mére de l'étude!

Tu reçus dans tes bras le grand Dominiquin,

Et, sur ce noble cœur rongé d'inquiétude,

Tu versas à longs flots, ton calme souverain.

Hélas! pour lui, le ciel fut long-temps sans lumière;

Bœuf sublime, à pas lourds il creusa son ornière

Aux cris des envieux hurlant à son côté.

Mais à son lit de mort, comme au vieux saint Jérôme,

La gloire ouvrit pour lui le céleste royaume,

Et lui donna le pain de l'immortalité.

GIORGIONE.

GIORGIONE.

———◆———

Qu'est-ce donc, ô mon Dieu! que de la gloire humaine,

S'il faut payer si cher ce fol enivrement,

Et s'il faut expier les douceurs d'un moment

Par des peines sans fin et des siècles de haine?

Oh! n'est-ce point assez de la poussière vaine

Que l'envie au-dehors éléve incessamment?

Faut-il se faire au cœur un autre rongement,

Un tourment qui vous use, et vous mette à la chaîne!

7.

Faut-il, lorsque l'on veut goûter la vérité,

Perdre de sa candeur et de sa pureté,

Puiser de l'amertume au fond de l'ambroisie;

Et poëte divin, armé d'un beau pinceau,

Ne peut-on mettre un pied sur la terre du beau,

Sans traîner avec soi l'affreuse jalousie!

TITIEN.

TITIEN.

Quand l'art italien, comme un fleuve autrefois,

S'en venait à passer par une grande ville,

Ce n'était pas alors une eau rare et stérile,

Mais un fleuve puissant à la superbe voix.

Il allait inondant les palais jusqu'aux toits,

Les dômes suspendus par une main débile,

Il reflétait partout dans son cristal mobile

Le manteau bleu des dieux et la pourpre des rois.

Puis, avec majesté sur la vague aplanie,

Il emportait alors un homme de génie,

Un grand Vénitien, à l'énorme cerveau;

Et, prenant avec lui sa course vagabonde,

Il le roulait un siècle au courant de son onde,

Et ne l'abandonnait qu'aux portes du tombeau.

BIANCA.

BIANCA.

Dans la noble Venise autrefois l'on raconte

Qu'un riche gentilhomme, un sénateur, un comte,

Eut pour fille une enfant qu'on nommait Bianca.

Dans Venise voici ce qui lors arriva :

Ainsi que toute fille et toute Italienne,

Paresseuse à ravir, notre Vénitienne,

Blanche comme une étoile, et comme faite au tour,

Au balcon du palais demeurait tout le jour :

Tantôt elle peignait ses longues tresses blondes,

Tantôt elle voyait courir les vertes ondes,

Ou regardait sans voir, ou grave dans ses jeux,

Passait un œillet rouge à travers ses cheveux.

A la fenêtre en face, un enfant de Florence

Chez un vieil argentier logeait par occurrence;

De sa plume il gagnait son pain de tous les soirs.

Mais cet enfant divin, sous ses longs cheveux noirs,

Pensif à son bureau, d'un œil mélancolique

Regardait si souvent cette tête angélique,

Qu'il oubliait toujours sa tâche et son devoir.

Or, à force de temps, à force de se voir,

Ces jeunes enfans, beaux comme un couple d'apôtres,

Crurent que le bon Dieu les donnait l'un à l'autre;

Ils se prirent de cœur, ils s'aimèrent d'amour,

Et leur feu mutuel grandit de jour en jour.

✳

Ce feu devint si fort, que par une nuit brune,

Une nuit où la ville avait très peu de lune,

Tandis que tout dormait dans l'antique maison,

La pauvre jeune fille oublia sa raison,

Et laissant derrière elle une porte entr'ouverte,

Elle s'en fut dehors seule et d'un pied alerte.—

Oh! je laisse à penser dans le mince taudis

Quelle fête ce fut! ce fut le paradis.

Aussi ces deux enfans, ces douces créatures,

Ces deux corps si parfaits, ces royales natures,

Se dirent tant de mots, versèrent tant de pleurs,

Que la nuit tout entière écouta leurs douleurs.

Pâle et gelée, enfin, comme une neige à l'ombre,

Bianca lestement quitte l'escalier sombre.

Craintive, demi nue, et le corps tout plié,

Elle passe le pont sur la pointe du pié.

Mais l'aube était debout, et réveillant la brise,

Ses pieds frais rougissaient les grands toits de Venise.

Le vent remuait l'onde, et la vague des mers

Luisait dans les canaux en mille carreaux verts;

Les pigeons de Saint-Marc volaient sur les coupoles,

Le long des piliers blancs tremblotaient les gondoles :

Il était jour, grand jour, et lorsque Bianca

Au palais de son père inquiète arriva,

Elle se laissa là tomber comme une morte,

Un passant de bonne heure avait fermé sa porte.

———

Certes, s'il fut jamais un touchant souvenir,

Un souvenir d'amour qui plaise à revenir,

Comme ces airs divins qu'on veut toujours entendre,

Ah! c'est bien cet amour mélancolique et tendre

Qui prit deux jeunes cœurs avec naïveté,

Comme aux jours de la pure et belle antiquité;

C'est bien cet amour franc sorti de la nature,

Qui vit de confiance et jamais d'imposture,

Qui se donne sans peine et ne marchande pas

Comme le faux amour de nos tristes climats.

Bianca, ton beau nom, lorsqu'il flotte à la bouche,

D'un charme toujours neuf vous remue et vous touche,

Et comme le parfum nage autour de la fleur,

Sur Venise il épanche une amoureuse odeur.

Toujours dans les canaux où la rame vous chasse,

Comme un fantôme doux ton image repasse;

Toujours l'on pense à toi, toujours l'on ne peut voir

Au faite d'un balcon, à l'approche du soir,

Une fille vermeille, assise et reposée,

Sans porter les regards vers une autre croisée,

Et chercher vaguement, à travers le lointain,

Si l'on n'aperçoit pas ton jeune Florentin.

Enfin, le souvenir de ta chère folie

Est tel, que l'astre aimé de la molle *Italie*,

L'astre que sa voix *d'or nomme* encor la Diva,

La légère Phœbé, la blonde Cynthia,

Ne peut verser les flots de sa blanche lumière,

Sans qu'il semble toujours sur les grands ponts de pierre,

Et sur les escaliers dans les ondes perdus,

Ouïr flotter ta robe et courir tes pieds nus.

*

Ah! quand l'été jadis fleurissait dans les âmes,

Quand l'Amour, cet oiseau qui chante au cœur des femmes,

Sur terre s'abattait de tous les coins du ciel;

Que le vent parfumé portait l'odeur du miel;

Au beau règne des fleurs, quand toute créature

Maniait noblement sa divine nature,

Venise, il était doux, sous tes cieux étouffans,

D'aspirer ton air pur comme un de tes enfans;

Il était doux de vivre aux chansons des guitares,

Car, ainsi qu'aujourd'hui, les chants n'étaient pas rares;

Les chants suivaient partout les plaisirs sur les eaux,

Les courses à la rame, à travers les canaux,

Et les beaux jeunes gens, guidant les demoiselles

Alertes et gaîment sur les gondoles frêles.

Alors, après la table, une main dans la main,

On dansait au Lido jusques au lendemain;

Ou bien vers la Brenta, sur de fraîches prairies,

On allait deux à deux faire ses rêveries,

Et sur l'herbe écouter l'oiseau chanter des vers,

En l'honneur des zéphyrs qui chassaient les hivers.

Alors jeunes et vieux avaient la joie en tête,

Toute la vie était une ivresse parfaite,

Une longue folie, un long rêve d'amour,

Que la nuit en mourant léguait encor au jour ;

On ne finissait pas de voir les belles heures

Danser d'un pied léger sur toutes les demeures;

Venise était puissante, et *les vagues* alors

Comme au grand Salomon lui roulant des trésors,

Sous son manteau doré, sa pourpre orientale,

Le visage inondé de la senteur natale,

Elle voyait ses fils, épris de sa beauté,

Dans ses bras délicats mourir de volupté.

❋

Mais le bonheur suprême en l'univers ne dure,

C'est une loi qu'il faut que tout le monde endure,

Et l'on peut comparer les forêts aux cités,

En fait de changemens et de caducités.

Comme le tronc noirci, comme la feuille morte

Que l'hiver a frappés de son haleine forte,

Le peuple de Venise est tout dénaturé.

C'est un arbre abattu sur un sol délabré,

Et l'on sent, à le voir ainsi, que la misère

Est le seul vent qui souffle aujourd'hui sur sa terre.

Il n'est sous les manteaux que membres appauvris,

La faim maigre apparaît sur tous les corps flétris;

Partout le bras s'allonge et demande l'aumône,

La fièvre à tous les fronts étend sa couleur jaune;

Puis, partout le silence, et l'onde vainement

Bat, dans le port, le dos de quelque bâtiment.

On n'entend plus gémir sous leurs longues antennes

Les galères partant pour les îles lointaines,

La voix des grands chantiers n'éveille plus d'échos.

Et le désert lui-même est au fond des cachots.

8.

Voilà pour le dehors : au dedans la tristesse,

A tous les seuils branlans, s'assied comme une hotesse;

Les palais démolis pleurent leurs habitans,

La famille s'écroule, et comme au mauvais temps

Les oiseaux du bon Dieu, manquant de nourriture,

Volent aux cieux lointains chercher de la pâture;

Les jeunes gens ne font usage de leurs piés

Que pour abandonner leurs parens oubliés.

Alors tout ce qui touche à la décrépitude

S'éteint dans l'abandon et dans la solitude;

Et la vieillesse pauvre ici comme partout,

N'inspire à l'être humain que mépris et dégoût.

Enfin, Venise, au sein de son Adriatique,

Expire tous les jours comme une pulmonique;

Elle est frappée au cœur et ne peut revenir.

Le Destin a flétri son royal avenir,

Et pour toujours sevré sa lèvre enchanteresse

Du vase d'Orient que lui tendait la Grèce.

Alors, bien qu'il lui reste une rougeur au front,

Dans ses flancs épuisés nulle voix ne répond

Pour dominer les flots et commander le monde.

Sa poitrine n'est plus assez large et profonde;

C'en est fait de Venise, elle manque de voix :

L'homme et les élémens l'accablent à la fois;

Comme un taureau qui court à travers les campagnes,

Le fougueux Eridan, descendu des montagnes,

De sable et de limon couvre ses nobles piés;

Puis la mer, relevant ses crins humiliés,

Ne la respecte plus, et tous les jours dérobe

Un des pans dégradés de sa superbe robe.

Elle tombe, elle meurt, la plus belle cité!

Et l'homme sans respect pour tant de pauvreté,

Le Goth, mettant la main après sa chevelure,

D'une langue barbare et d'une verge dure,

Pour le trésor des rois, outrage son beau flanc,

La meurtrit sans relâche et la bat jusqu'au sang.

✳

Dans cet état, jugez ce que l'amour peut être!

Ah! sans frisson au cœur on ne peut le connaître,

On ne peut le trouver dans ces lugubres lieux,

Sans gémir longuement ou détourner les yeux.

Des pauvres gondoliers *les* chansons et les rames

Ne servent plus ici que des amours infâmes,

Des amours calculés, sans nulle passion,

Comme il en faut aux gens de la corruption.

Aussi, lorsque le soir, un chant mélancolique,

Un beau chant alterné comme une flûte antique,

S'en vient saisir votre âme, et vous monter aux cieux,

Vous pensez que ce chant, cet air mélodieux,

Est le reflet naïf de quelque âme plaintive,

Qui, ne pouvant le jour, dans la ville craintive,

Épancher à loisir tous ses tristes ennuis,

Par la douceur de l'air, et la beauté des nuits,

S'abandonne sans peine à la musique folle,

Et la rame à la main, doucement se console :

Alors penchant la tête, et pour mieux écouter,

Vous regardez les flots qui viennent de chanter;

Puis passe la gondole, et sur les vagues brunes,

Son flambeau luit et meurt au milieu des lagunes,

Et vous, toujours tourné vers le point lumineux,

Le cœur toujours rempli de ces chants savoureux

Qui surnagent encor sur la vague aplanie,

Vous demandez quelle est cette lente harmonie;

Et vers quels bords lointains fuit ce concert charmant?

Alors, quelque passant vous répond tristement :

Ce sont des habitans des lieux froids de l'Europe,

De pâles étrangers que la brume enveloppe,

Qui, sans amour chez eux, à grands frais viennent voir

Si Venise en répand sur ses ondes le soir.

Or, ces hommes sans cœur, comme gens sans famille,

Ont acheté le corps d'une humble et belle fille,

Et pour chauffer l'orgie, avec quelques deniers,

Ils font chanter le Tasse aux pauvres gondoliers..

*

Oh! profanation des choses *les plus saintes*,

Eternel aliment de soupirs et de plaintes!

Insulte aux plus beaux dons que la Divinité

Ait, dans un jour heureux, faits à l'humanité!

O limpides fragmens du divin diadème!

Vous, que le grand poète a détachés lui-même

Pour consoler la terre, et dans vos saints reflets,

Lui montrer la splendeur des célestes palais!

O poésie! amour, perles de la nature,

Des beautés de ce monde essence la plus pure;

Célestes diamans et joyaux radieux,

Semés à tous les plis de la robe des cieux,

Qu'a-t-on fait du trésor de vos pures lumières,

Pour vous voir aujourd'hui rouler dans les poussières.

Avez-vous tant perdu de valeur et de prix,

Que les hommes pour vous n'aient plus que du mépris?

Ah! malheur aux mortels qui traînent par les fanges

L'éclat pur et serein de l'image des anges!

Malheur! cent fois malheur à tous les cœurs méchans,

Qui poussent la beauté sur leurs tristes penchans!

Malheur aux esprits froids, aux hommes de la prose,

Éternels envieux de toute grande chose,

Qui n'éveillant sur terre aucun écho du ciel,

Et toujours enfouis dans le matériel,

Chassent d'un rire amer les divines pensées,

Comme au fond des grands bois les nymphes dispersées!

Si du malheur des temps l'épouvantable loi

Veut, hélas! aujourd'hui, que les hommes sans foi,

Et tous les corrompus prévalent dans le monde;

Si tout doit s'incliner devant leur souffle immonde,

Et sous un faux semblant de civilisation;

Si l'univers entier subit leur action,

Si le rire partout tranche l'aile de l'âme,

Si le boisseau fatal engloutit toute flamme;

Amour et poésie, anges purs de beauté,

Reprenez votre essor vers la Divinité,

Regagnez noblement *votre ciel solitaire*,

Et sans regret aucun de cette vile terre

Partez; car ici-bas, vous laissez après vous

Un terrible fléau qui vous vengera tous.

Oui, vous laissez un mal dont les rudes épines

Feront jaillir du sang de toutes les poitrines;

Un mal sans nul remède, une langueur de plomb

Qui courbera partout les têtes comme un jonc,

Qui creusera bien plus que ne fait la famine,

Tous les corps chancelans que sa dent ronge et mine;

Un vent qui séchera la vie en un instant

Comme au coin des palais la main du mendiant,

Qui la fera déserte, et qui poussera l'homme

A toutes les fureurs des débauches de Rome :

L'ennui! l'ennui prendra les races au berceau,

Et d'un vertige affreux frappant chaque cerveau,

Sous le chaume ou l'airain, sous la pourpre ou la laine,

Il pourrira les cœurs de sa mordante haleine.

Maintenant, ouvrez l'aile, ô poésie, amour,

Et montez sans regret vers le divin séjour !

Divine Juliette au cercueil étendue,

Toi qui n'es qu'endormie et que l'on croit perdue.

Italie, ô beauté! si malgré ta pâleur,

Tes membres ont encor gardé de la chaleur;

Si du sang généreux coule encor dans ta veine;

Si le monstre qui semble avoir bu ton haleine,

La mort, planant sur toi comme un heureux amant,

Pour toujours ne t'a pas clouée au monument;

Si tu n'es pas enfin son entière conquête,

Alors, quelque beau jour, tu leveras la tête;

Et privés bien long-temps du soleil, tes grands yeux

S'ouvriront pour revoir le pur éclat des cieux;

Puis ton corps ranimé par la chaude lumière,

Se dressera tout droit sur la funèbre pierre.

Alors, être plaintif, ne pouvant marcher seul,

Et tout embarrassé des longs plis du linceul,

Tu chercheras dans l'ombre une épaule adorée,

Et les deux pieds sortis de la tombe sacrée,

Tu voudras un soutien pour faire quelques pas;

Alors à l'étranger, oh! ne tends point les bras,

Car ce qui n'est pas toi, ni la Grèce ta mère,

Ce qui ne parle point ton langage sur terre,

Et tout ce qui vit loin de ton ciel enchanteur,

Tout le reste est barbare, et marqué de laideur.

L'étranger ne viendrait sur ta couche de lave,

Que pour te garrotter comme une belle esclave,

L'étranger corrompu, s'il te donnait la main,

Avilirait ton front et flétrirait ton sein.

Belle ressuscitée, ô princesse chérie,

N'arrête tes beaux yeux qu'au sol de la patrie;

Dans tes fils réunis cherche ton Roméo,

Noble et douce Italie, ô mère du vrai beau!...

FIN.

TABLE.

———

I.	. . . .	3
II.	Le campo santo.	11
III.	Mazaccio.	31
IV.	Michel Ange.	35
V.	Allegri.	39
VI.	Le campo vaccino.	43
VII.	Raphael..	65
VIII.	Corregio.	69
IX.	Cimarosa.	73

X.   Chiaia.. 77
XI.   Dominiquin. 95
XII.   Giorgione.. 99
XIII.   Titien. 103

XIV.   Bianca. 107
XV.   125

www.ingramcontent.com/pod-product-compliance
Lightning Source LLC
Chambersburg PA
CBHW051739090426
42738CB00010B/2325